ENFOQUE A LA FAMILIA

El azote de la rivalidad entre hermanos

Dr. James C. Dobson

EDITORIAL
UNILIT

Publicado por
Editorial **Unilit**
Miami, Fl. E.U.A
Derechos reservados

Primera edición 1991

Traducido por: Manuel y Ruth López
Cubierta diseñada por: David Bonilla
Fotografía: David Ecklebarger

Impreso en Colombia
Producto 497404
ISBN-1-56063-127-9

El azote de la rivalidad
entre hermanos

Si se les preguntara a los padres cuál es el aspecto más irritante de la crianza de los hijos, estoy convencido de que la rivalidad entre hermanos recibiría su voto unánime. A los niños no les basta odiarse secretamente. Como pequeños guerreros, se atacan abiertamente, movilizando sus tropas y buscando las debilidades de la línea defensiva.

Conozco a un chiquillo que se resintió tanto por estar resfriado mientras su hermano mayor seguía sano, ¡que secretamente se limpió las narices en la boquilla del instrumento musical de su hermano! Los mayores perdedores en esta clase de combate, son el padre y la madre acosados, quienes además de escuchar el ruido de la batalla tienen que tratar de curar a los heridos.

La conocida columnista Ann Landers, quien diariamente da distintos consejos a sus lectores, recientemente les hizo esta pregunta: "De haber sabido antes lo que ahora sabe, ¿hubiera tenido hijos?" El setenta por ciento de las 10.000 mujeres que contestaron, dijo: "¡No!" Posteriormente, una revista para damas, Good Housekeeping, hizo la misma pregunta, y el noventa y cinco por ciento de las que contestaron dijo: "Sí". Es imposible explicar los resultados contradictorios de estas dos encuestas, pero los comentarios que las mujeres adjuntaban son significativos. Una mujer no identificada escribió: "¿Hubiera tenido hijos de nuevo? Mil veces, ¡NO! Mis hijos han destruido completamente mi vida, mi matrimonio, y mi identidad como persona. No hay gozo. De nada sirven las oraciones —no hay manera de callar al niño que grita".

Usted puede mantener la paz en su hogar

En mi opinión, sí hay algo que puede detener al niño que grita, o incluso a una docena de ellos. No es necesario (ni saludable) permitir que los niños se destruyan el uno al otro y les hagan la vida miserable a los adultos que los rodean. La rivalidad entre hermanos es difícil de "curar", pero ciertamente es posible "controlarla". Con ese fin en mente, permítame ofrecer tres sugerencias que podrían ayudarle a lograr un armisticio en su hogar:

(1) No provoque los celos naturales de los niños

La rivalidad entre hermanos no es algo nuevo. Fue la causa del primer ase-

4

sinato registrado en la historia, cuando Caín mató a Abel. Desde entonces, ha estado presente en prácticamente cada familia con dos hijos o más. La fuente principal de este conflicto, emana de los antiguos celos y la competencia entre los niños. Marguerite y Willard Beecher, en su libro: Parents on the Run, expresan lo inevitable que es esta lucha:

"En otro tiempo se creía que si los padres le explicaban a un hijo que iba a tener un hermanito o una hermanita, éste no lo resentiría. Se le decía al niño que sus padres lo disfrutaban tanto a él que querían aumentar su felicidad trayendo otro niño al hogar. Se suponía que esto iba a evitar la competencia y la rivalidad producidas por los celos. Pero no dio resultado. ¿Y por qué habría de darlo?

"Está de más decir que si un hombre le dijera a su esposa que la ama tanto que planea traer otra esposa al hogar para aumentar su felicidad' eso no impediría que ella sintiera celos. Al contrario, la pelea apenas estaría empezando —exactamente de la misma manera que sucede con los hijos".

Si los celos son tan comunes, ¿cómo pueden los padres reducir el antagonismo natural que los niños sienten hacia sus hermanos? El primer paso es evitar las circunstancias que los comparan desfavorablemente a uno con el otro. El conferencista Bill Gothard ha dicho que la raíz de todos los sentimientos de inferioridad está en las comparaciones. Estoy de acuerdo. La pregunta no suele ser: "¿Qué tal lo hago?" Más bien es: "¿Qué tal lo hago en comparación con Juan o Esteban o Mariana?" El asunto no es saber lo rápido que puedo correr, sino quién llega primero a la meta. A un niño no le importa lo alto que él es; está sumamente interesado en: "¿Quién es el más alto?" Cada niño se mide sistemáticamente con sus compañeros y es extremadamente sensible al fracaso dentro de su propia familia.

Por esta razón, los padres deben tener cuidado de no hacer comparaciones que de manera habitual favorezcan a un hijo más que a otro. Esto es cierto particularmente en tres áreas.

Primero, los niños son muy sensibles en cuanto a sus características físicas. Es sumamente provocativo alabar a un niño a expensas del otro. Supongamos, por ejemplo, que Sara oye un comentario casual referente a su hermana: "Por seguro, Beatriz va a ser una muchacha muy bella". El simple hecho de que no se mencionó el nombre de Sara, probablemente dará lugar a la rivalidad entre las dos hermanas. Si hay una notable diferencia de belleza entre las dos, puede estar seguro de que Sara ya ha llegado a la conclusión: "Sí, yo soy la fea". Cuando estos temores quedan confirmados por sus padres, se generan el resentimiento y los celos.

La belleza es el factor más importante para la autoestima del niño en los países occidentales, como intenté explicar en mi libro: Hide or Seek (La felicidad del niño). Todo lo que los padres digan en cuanto a este tema, que pudiera ser oído por los hijos, debería ser dicho muy cuidadosamente, porque tiene el poder de hacer que los hermanos y hermanas lleguen a odiarse.

En segundo lugar, todo lo relacionado con la inteligencia debe tratarse con mucho cuidado. No es raro escuchar que los padres digan delante de sus hijos: "Creo que el menor es en realidad más inteligente que su hermano". A los adultos les cuesta trabajo comprender la influencia poderosa que esa clase de evaluación puede producir en la mente de un niño. Aun cuando los comentarios son hechos sin intención y de una manera habitual, expresan cómo el niño es "visto" por su familia. Todos somos vulnerables ante esa clase de opinión.

En tercer lugar, los niños (y en especial los varones), tienen mucho espíritu de competencia con respecto a sus habilidades atléticas. Los que son más lentos, menos fuertes y menos coordinados que sus hermanos, rara vez pueden aceptar de buena gana el quedar en "segundo lugar". Considere, por ejemplo, la siguiente nota que me dio la madre de dos niños. Fue escrita por su hijo de 9 años a su hermanito de 8 años, quien le había ganado en una carrera ese día.

Querido Jaime:

Yo soy el mejor, y tú el peor. Yo puedo ganarles a todos en las carreras, y tú no puedes ganarle a nadie. Yo soy el más inteligente, y tú el más tonto. Yo soy el mejor jugador de deportes, y tú el peor jugador de deportes. Y también eres un cerdo. Yo puedo darle una paliza a cualquiera. Y esa es la verdad. Y esto es el fin de esta historia.

Sinceramente,
Ricardo

Esta nota me parece chistosa, pues Ricardo no ocultó muy bien sus motivos. Había sido humillado grandemente en el campo del honor, así que, regresó a casa y le declaró la guerra a su hermano. Probablemente haya pasado las siguientes ocho semanas buscando oportunidades para desquitarse de Jaime. Así es la naturaleza humana.

¿Estaré sugiriendo que los padres eliminen todos los aspectos de individualidad dentro de la vida familiar, o que la competencia sana se deba impedir? Definitivamente no. Lo que estoy diciendo es que en cuestiones relacionadas con la belleza, la inteligencia y la habilidad atlética, cada niño debe saber que ante los ojos de sus padres, él es respetado, y tiene igual valor que sus hermanos. Los elogios y las críticas dentro del hogar se deben distribuir lo más parejo posible, aunque algunos niños inevitablemente tendrán más éxito en el mundo exterior.

Y finalmente, debemos darnos cuenta de que los niños no construyen murallas alrededor de sus puntos fuertes, sino que las construyen para proteger sus debilidades. Así que, cuando un niño, como Ricardo, empieza a jactarse y a atacar a sus hermanos, nos está mostrando que se siente amenazado en ese momento. Como padres, nuestra sensibilidad ante esas señales, nos ayudará a disminuir el potencial de celos entre nuestros hijos.

(2) Establezca un sistema factible de justicia.

La rivalidad entre hermanos es peor cuando no existe un sistema razonable de justicia en el hogar —donde los que quebrantan la ley no son detenidos, y si lo son, nunca se enfrentan a un juicio. Es importante comprender que las leyes de la sociedad se establecen y se hacen cumplir para protegernos unos de otros. De la misma manera, una familia es una pequeña sociedad con la misma necesidad de que los derechos humanos sean protegidos.

Como ilustración, supongamos que yo viviera en una comunidad donde no hubieran leyes establecidas. No hay policías, ni tampoco hay tribunales en donde los desacuerdos se puedan apelar. Bajo estas circunstancias, mi vecino y yo podríamos abusar el uno del otro impunemente. El podría tomar mi máquina de cortar el césped y tirar piedras por mis ventanas, mientras yo me robo los duraznos de su árbol favorito y tiro basura en su jardín. Esta clase de antagonismo mutuo suele aumentar cada vez más.

Ya hemos indicado que las familias son similares a las sociedades en su necesidad de tener leyes y orden. En la ausencia de la justicia, como sucedería con los vecinos, los hermanos empiezan a atacarse uno al otro. El mayor es más grande y más fuerte, lo cual le permite oprimir a sus hermanos y hermanas menores; a cambio, el menor busca vengarse rompiendo las posesiones valiosas del mayor y molestándolo cuando le visitan sus amigos. Entonces, el odio mutuo explota como un volcán airado, arrojando su contenido destructivo encima de todos los que se encuentran en su camino.

Sin embargo, cuando los hijos apelan a sus padres para que intervengan, suelen dejarlos a que se arreglen entre ellos. En muchos hogares, los padres no tienen suficiente control disciplinario para hacer cumplir sus órdenes. En otros, están tan irritados por las peleas incesantes entre los hermanos, que se niegan a intervenir. En otros hogares, los padres obligan al hijo mayor a vivir tolerando la injusticia: "porque tu hermano es más pequeño que tú". De esta manera le impiden defenderse de las maldades de su hermanito o hermanita. Es aún más común hoy, que tanto el padre como la madre estén trabajando mientras sus hijos quedan en casa desbaratándose unos a otros.

Volveré a repetir lo mismo a los padres: Una de sus responsabilidades más importantes es establecer un sistema imparcial de justicia y un equilibrio de poder dentro del hogar. Las "leyes" razonables se deben hacer cumplir igualmente para cada miembro de la familia. Para ilustrarles esto, permítame hacer una lista de los límites y las reglas que hemos desarrollado a través de los años en nuestro propio hogar:

• A ningún hijo se le permite jamás burlarse del otro de una manera destructiva. ¡Punto! Esta es una regla inflexible sin excepciones.

• El cuarto de cada hijo es su propiedad privada. Cada puerta tiene cerradura, y el permiso de entrar es un privilegio revocable. (Las familias con más de un hijo en cada cuarto pueden designar un espacio para cada uno.)

• El hijo mayor no puede burlarse del menor.

• El hijo menor no puede molestar al mayor.

• No se les obliga a los hijos a jugar juntos cuando prefieren estar solos o con otros amigos.

• Es necesario intervenir en cualquier conflicto verdadero lo más pronto posible, teniendo cuidado de mostrar completa imparcialidad y justicia.

Como sucede con cualquier sistema de justicia, este plan requiere respeto para la autoridad del padre y de la madre; además, los padres tienen que estar dispuestos a servir como mediadores, haciendo cumplir las reglas y algunas veces castigando. Cuando este método viene acompañado de amor, el ambiente emocional del hogar puede cambiar de uno de odio, a, por lo menos, uno de tolerancia.

(3) Reconozca que el "objetivo" secreto de la rivalidad entre hermanos es usted.

Sería ingenuo pasar por alto el verdadero significado del conflicto entre hermanos: suele representar una forma de manipular a los padres. Los pleitos proveen una oportunidad para que ambos niños "atraigan" la atención de los adultos. Se ha escrito que "algunos niños prefieren que los busquen por haber cometido un crimen a que no los busquen por ningún motivo". Con este fin en mente, sin decirse una palabra, un par de niños insoportables pueden ponerse de acuerdo en molestar a sus padres hasta que se produzca una reacción —aunque sea una de enojo.

Un padre me contó recientemente que su hijo y su sobrino empezaron a discutir y a darse puñetazos. Ambos padres estaban muy cerca, pero decidieron permitir que la situación siguiera su curso natural. Durante la primera pausa, uno de los niños miró de reojo a los hombres pasivos y dijo: "¿Qué, no nos va a detener alguien antes de que nos lastimemos?" Obviamente ninguno de los niños quería pelear. Su combate violento estaba directamente relacionado con la presencia de los dos adultos, y todo habría sido distinto si los niños hubieran estado solos. Los niños suelen "atraer" la atención y la intervención de sus padres de esta manera.

Aunque usted no lo crea, esta clase de rivalidad entre hermanos es la más fácil de controlar. Los padres simplemente tienen que impedir que este comportamiento produzca los resultados deseados por cada uno de los participantes. En vez de retorcerse las manos, llorar, suplicar o gritar (lo que sólo estimula el comportamiento destructivo y lo empeora), la madre o el padre debe enfrentarse con el conflicto con dignidad y sin perder la calma.

Yo recomendaría que una versión del siguiente "discurso", modificado de acuerdo con la edad y las circunstancias, se usara con los hijos que riñen constantemente en busca de la atención de los adultos:

"Carlos y Tomás, quiero que se sienten en estas sillas y me presten toda su atención. Ustedes saben que se han estado peleando toda la mañana. Tomás, tú destruiste el castillo que Carlos estaba construyendo, y Carlos, tú despeinaste a Tomás. A cada rato he tenido que decirles que dejen de pelear. No estoy enojado con ustedes, pues todos los hermanos suelen pelearse, pero sí les voy a decir que estoy cansado de oírlos. Tengo cosas importantes que hacer, y no puedo perder tiempo separando a un par de gatos peleones a cada momento.

"Escúchenme con cuidado. Si los dos quieren estarse molestando el uno al otro y amargarse la vida, háganlo (suponiendo que haya un equilibrio de poder básicamente igual entre ambos). Vayan a pelear afuera hasta que se cansen. Pero ya no lo harán donde esté yo. ¡Se acabó! Ustedes ya saben que cuando hablo así es en serio. ¿Nos entendemos?"

¿Se acabaría el conflicto con esta advertencia? Claro que no —por lo menos no la primera vez. Sería necesario cumplir con la promesa de "acción". Habiendo puesto en claro mis intenciones, yo actuaría de una manera decisiva en el mismo instante que cualquiera de los dos niños volviera a discutir. Si tuvieran distintos cuartos, los mantendría a cada uno en el suyo por lo menos por treinta minutos de completo aburrimiento, sin radio ni televisión. O si no, mandaría a uno a limpiar el garaje, y al otro a cortar el césped. O les obligaría a ambos a dormir la siesta. Mi propósito al hacer cumplir esto, sería lograr que me tomaran en serio la próxima vez que ofreciera una sugerencia de paz.

Simplemente no es necesario permitir que los hijos destruyan el gozo del vivir, como lo expresó la madre frustrada del artículo anteriormente mencionado. Y lo más sorprendente es que los niños son más felices cuando los padres hacen cumplir estos límites razonables con amor y dignidad.

Un pensamiento final

Recientemente, mi esposa Shirley me acompañó en una gira en la cual di conferencias, lo que nos obligó a dejar a nuestros dos hijos con sus abuelos por toda una semana. Los padres de mi esposa son unas personas maravillosas que aman mucho a Danae y a Ryan. Sin embargo, dos niños inquietos y ruidosos pueden desgastar los nervios de cualquier adulto, especialmente los que se están acercando a la edad de su jubilación. Cuando regresamos del viaje, le pregunté a mi suegro cómo se habían comportado los muchachos y si les habían causado problemas. Me contestó: "¡Oh no! Los niños son buenos. Pero lo importante es mantenerlos al aire libre".

Probablemente ese haya sido el mejor consejo disciplinario que se haya ofrecido. Muchos problemas de comportamiento se podrían prevenir simplemente evitando las circunstancias que los crean. Y espe-

cialmente para los niños y las niñas que
están creciendo en nuestras ciudades con-
gestionadas, posiblemente lo que más
necesitamos hacer es "sacarlos al aire libre".
No es una mala idea.

CONSEJOS PARA LOS RECIEN CASADOS,
H. Norman Wright

Cuando una pareja recién casada se encuentra bajo presión o se enfrenta a un cambio en su relación, su compromiso podría derrumbarse o llegar a ser más fuerte que nunca. La tensión en los primeros meses de matrimonio, podría ser el resultado de que se comience una de las transiciones más difíciles de la vida de una manera no realista. Los recién casados necesitan proceder con discernimiento para mutuamente poder satisfacer con eficacia las distintas expectativas y necesidades que tienen.

En este librito, el consejero familiar y autor, H. Norman Wright, presenta algunas sugerencias prácticas para ayudar a los recién casados a través de la primera etapa del matrimonio. Enfatiza la importancia de la comprensión mutua y anima a la pareja a enfrentarse a los cambios que se producirán en su relación, y que son inevitables, con un profundo compromiso para con Dios y del uno para con el otro.

PRODUCTO 497401

HACIENDOLE FRENTE A LA IRA,
James C. Dobson

¿Qué es la ira? ¿Cuándo es incorrecta? ¿Cómo se puede controlar? Estas son algunas de las preguntas importantes que son discutidas en este librito escrito por el doctor James Dobson. Sus consejos prácticos y bíblicos podrían ser de gran valor para cualquier persona que esté batallando con esta emoción inconstante.

PRODUCTO 497402

HACIENDOLE FRENTE A LA FRUSTRACION,
James C. Dobson

¿Está usted insatisfecho con su vida? ¿Se desanima por irritaciones insignificantes? ¿Le cuesta trabajo hacerle frente a las dificultades que vienen a su vida?

En este librito, el doctor James Dobson explica que la clave para una vida más feliz es aprender a enfrentar las frustraciones que llenan nuestras vidas. Nos dice que esto se logra al desarrollar una actitud positiva, aceptando la vida tal como es y manteniendo una perspectiva apropiada de nuestros problemas.

PRODUCTO 497403

EL AZOTE DE LA RIVALIDAD ENTRE HERMANOS,
James C. Dobson

Las continuas peleas que suelen tener los hermanos, pueden hacer que sus padres se pregunten por qué quisieron tener hijos, en primer lugar. Pero, según el doctor James Dobson, hay una manera de lograr que los niños hagan las paces.

En este librito, el autor examina el tema de la rivalidad entre hermanos, y ofrece tres sugerencias prácticas para que los padres sepan cómo disminuir la frecuencia de este problema tan común e irritante.

PRODUCTO 497404

LA MEJOR FORMA DE RESOLVER EL CONFLICTO,
Josh McDowell

El conflicto es inevitable. Tarde o temprano, cada relación significativa tiene que sobrevivir —o rendirse— a la discordia. Es más, al aumentar la intimidad entre dos personas, la posibilidad del conflicto también aumenta. Con demasiada frecuencia, parece ser más fácil abandonar la relación que esforzarse por restaurar la comunicación.

En este librito, el autor de renombre Josh McDowell expone el modelo de Dios para resolver las dificultades, y habla de actitudes y acciones específicas que pueden sanar una amistad o un matrimonio afligido. Además, él enfatiza la importancia de solucionar los problemas de inmediato —antes de que lleguen a ser barreras sólidas entre los seres queridos.

PRODUCTO 497408

LIBERTAD A TRAVES DEL PERDON,
Charles Stanley

Cuando uno ha sido herido en sus sentimientos, le puede resultar difícil perdonar. ¿Por qué una sentencia tan simple como "Te perdono" puede parecer tan difícil de pronunciar? Pero aferrarse a un resentimiento sólo consigue prolongar el dolor; e ignorar el importante mandamiento de perdonar puede hacer que un pequeño incidente se agrande hasta alcanzar proporciones increíbles.

En este orientador librito, Charles Stanley —pastor emérito de la *First Baptist Church* en Atlanta— discute la importancia de la reconciliación y provee consejo sano, aun si el perdonar es algo que uno haya estado rechazando por mucho tiempo.

PRODUCTO 497421

TITULOS EN LA PRIMERA SERIE DE
Enfoque a la Familia

OTROS TITULOS DE LA "LINEA DE ORO"
DE EDITORIAL **UNILIT**

Enfoque a la Familia es un programa de radio que actualmente se escucha en los Estados Unidos y a través del mundo de, habla hispana, en dos clases de formatos: de cinco y de quince minutos. Sintonice _Enfoque a la Familia_, y escuche la respuesta a preguntas como éstas:

"¿Cuál es el error más común cometido por los padres de familia cuando disciplinan a los niños?"

"Estoy segura de que estoy perdiendo a mi marido. ¿Cómo puedo salvar mi matrimonio?"·

"¿Puede darme una definición simple de la menopausia?"

Si le interesan las respuestas a estas preguntas, ¡sintonice nuestro programa de radio! Por favor, escríbanos una carta, o complete el cupón junto a esta página y envíelo a nuestra oficina para recibir un horario con información acerca de dónde puede escuchar _Enfoque a la Familia_. Nuestra dirección es:

Enfoque a la Familia
Colorado Springs, CO 80995
Estados Unidos

Por favor, envíenme un horario con información acerca de dónde puedo escuchar *Enfoque a la Familia.*

_____ Sr. _____ Sra. _____ Srta. _____ Rvdo. _____ Otro: _____

Nombre: _____

Dirección: _____

Ciudad: _____ Estado o provincia: _____

Código postal: _____ País: _____

Teléfono: (_____) _____ Hablo: _____ inglés _____ español _____ ambos

1SBXLIST

Enfoque a la Familia, Colorado Springs, CO 80995 E.U.A.